Este libro de colorear pertenece a:

_____

Página Para Probar Los Colores

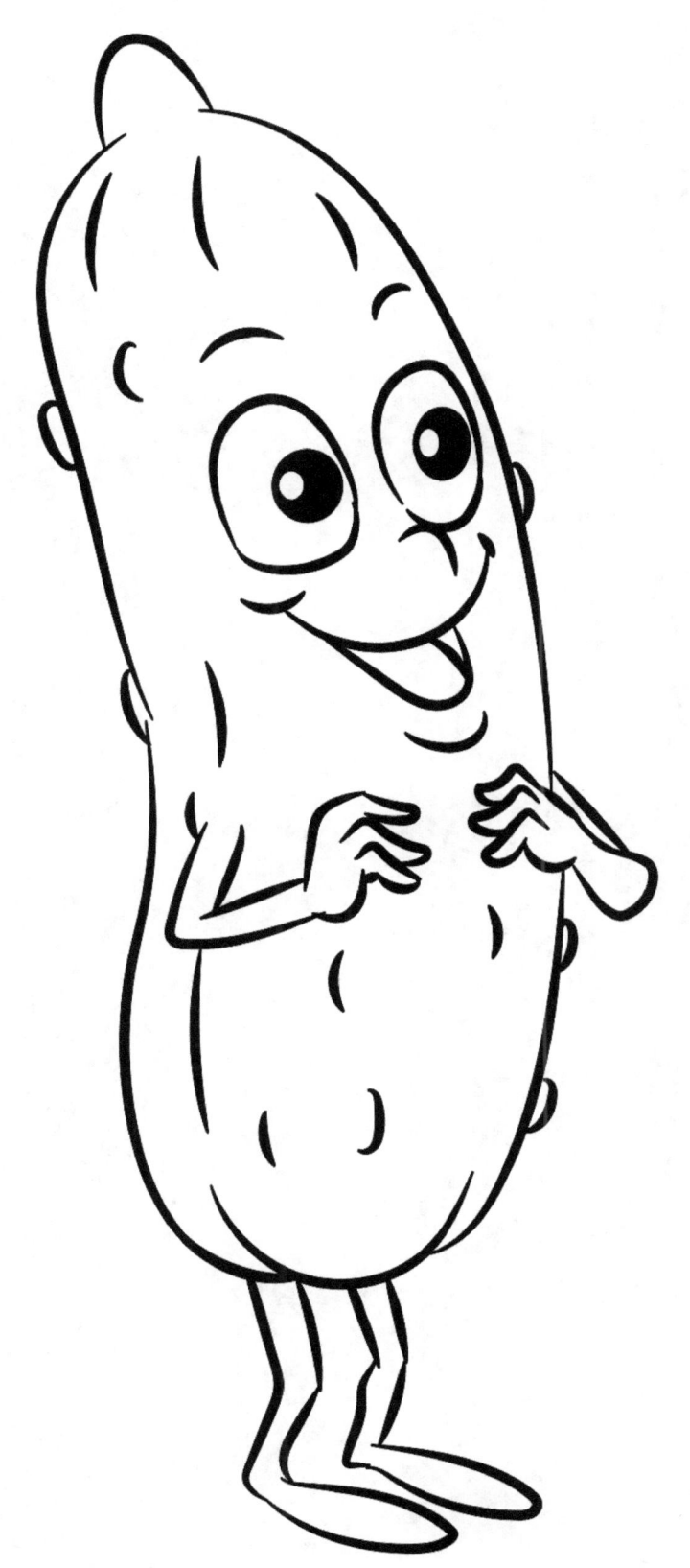

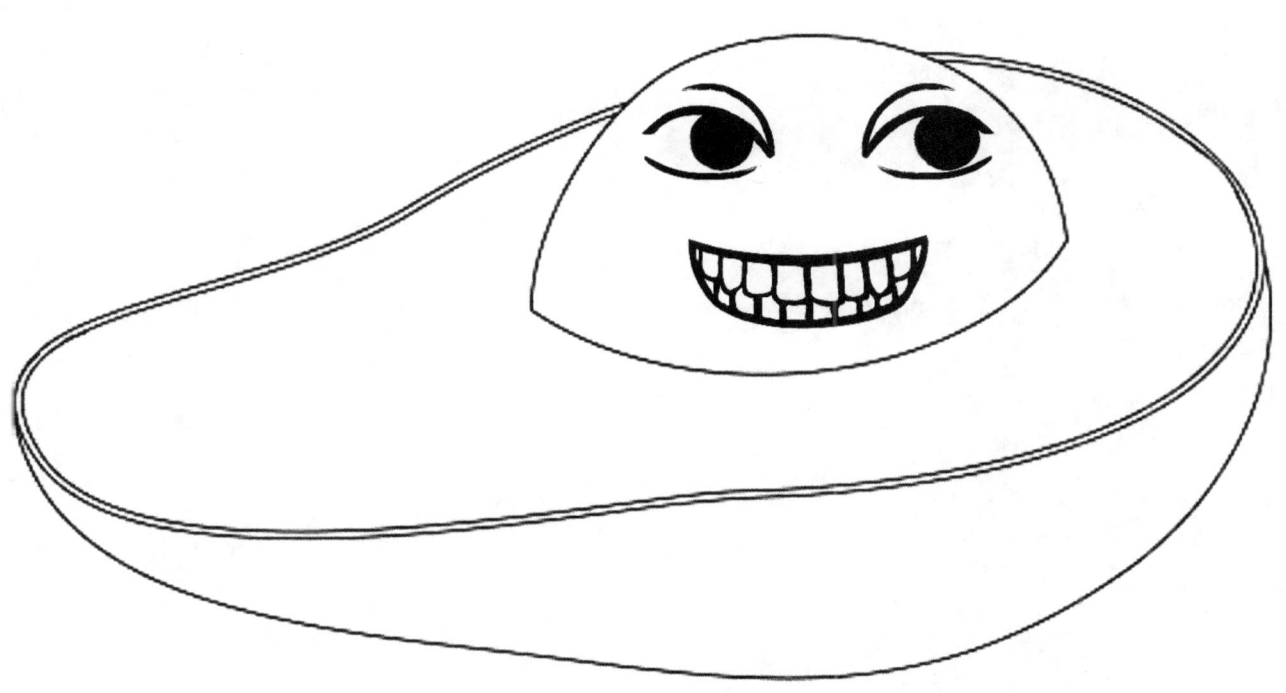

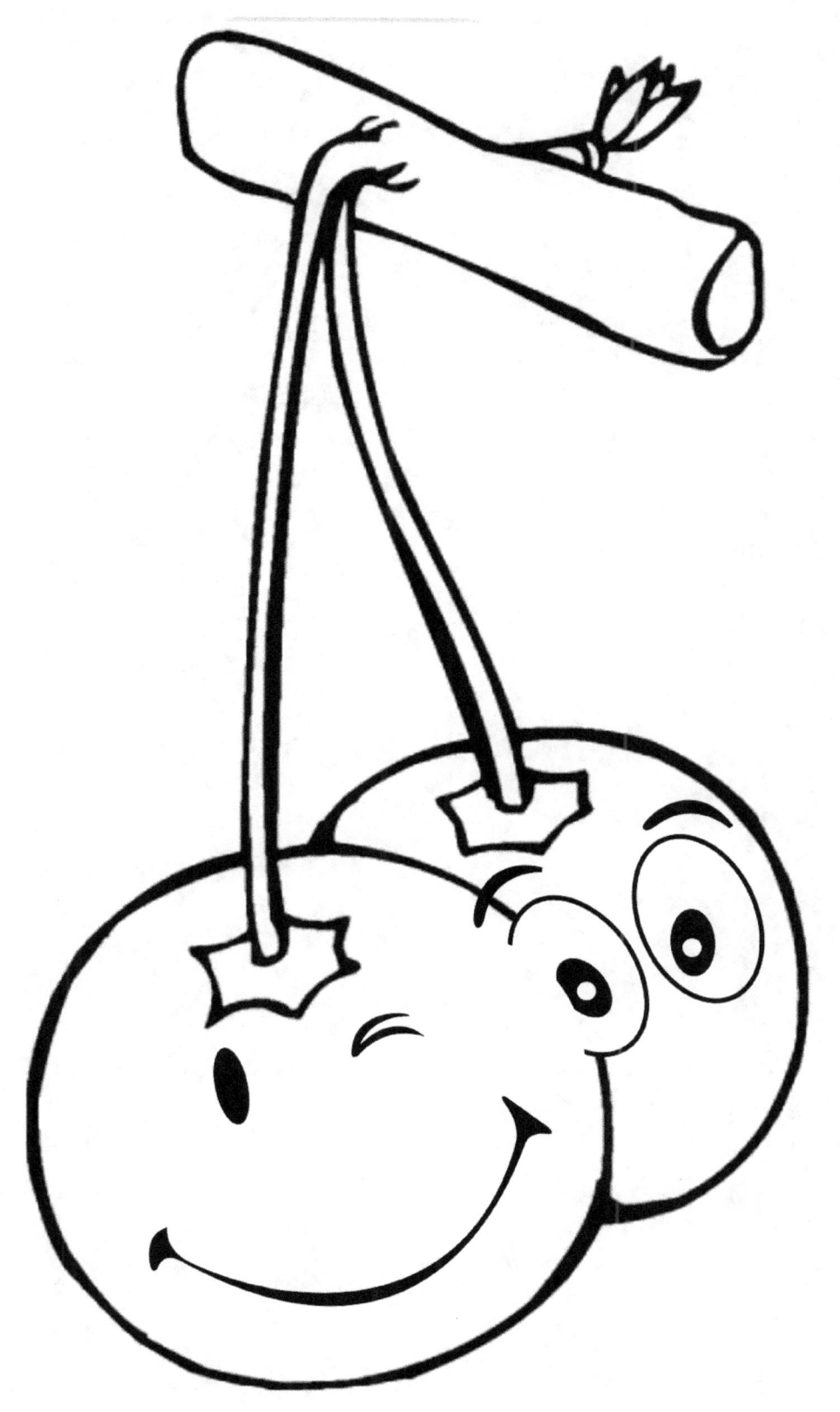

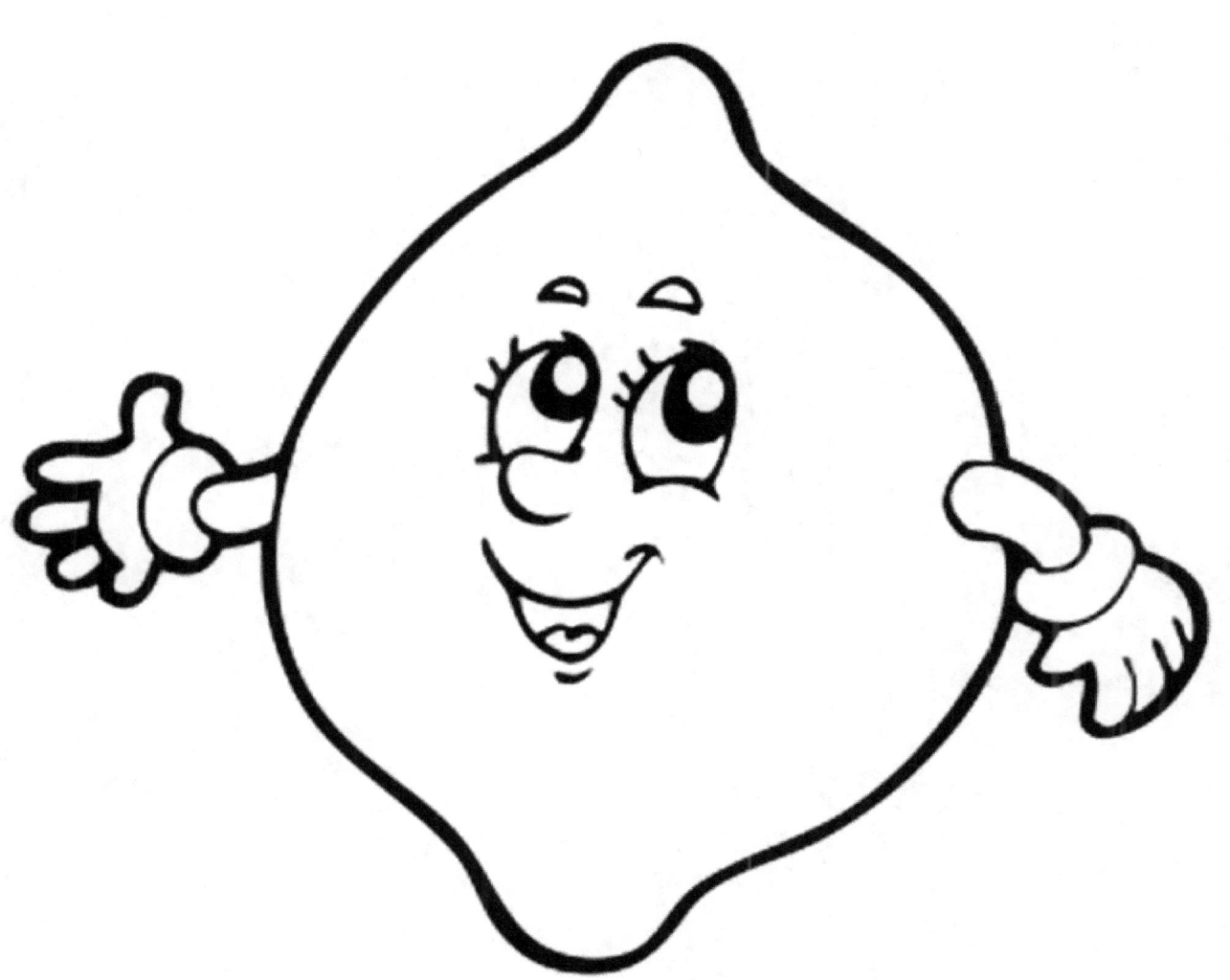

Gracias por elegir este libro para colorear.

Espero que su hijo/a haya disfrutado coloreando este libro tanto como yo he disfrutado creándolo.

Sus comentarios son muy importantes para mí.

Si ha encontrado algún problema con su libro, como errores de impresión, encuaderación defectuosa, sangrado del papel o cualquier otro problema, no dude en ponerse en contacto conmigo en:

 happybooksforall@gmail.com

 /happybooksforall

 /happy.bookss

Esperamos, más que nada, que hayan disfrutado de este libro.

Si lo hicieron, por favor tomen en consideración dejar una reseña o evaluación en la página web.
Le tomaría solamente unos minutos y se lo agradeceríamos mucho.
Las reseñas son algo brillante para las pequeñas empresas como nosotros - es la mejor manera de compartir con otros clientes potenciales su opinión sobre el libro. Le animamos a que no dude en añadir fotos del interior y de la cubierta de este libro en su reseña.

¡Muchas gracias de nuevo por elegir este libro!

Copyright 2021 - Todos los derechos reservados.

Usted no puede reproducir, duplicar o enviar el contenido de este libro sin el permiso directo y por escrito del autor. En ningún caso podrá culpar al editor ni exigirle responsabilidades legales por cualquier reparación, indemnización o pérdida de dinero debida a la información aquí incluida, ya sea de forma directa o indirecta.

Aviso legal: Este libro está protegido por derechos de autor. Puede utilizar el libro para fines personales. No debe vender, utilizar, alterar, distribuir, citar, tomar extractos o parafrasear en parte o en su totalidad el material contenido en este libro sin obtener primero el permiso del autor.

Aviso de exención de responsabilidad: Debe tener en cuenta que la información contenida en este documento es sólo para fines de lectura casual y entretenimiento.
Hemos hecho todo lo posible por proporcionar información precisa, actualizada y fiable. No expresamos ni implicamos garantías de ningún tipo. Las personas que leen admiten que el escritor no se ocupa de dar consejos legales, financieros, médicos o de otro tipo. Ponemos el contenido de este libro por el abastecimiento de varios lugares.

Por favor, consulte a un profesional autorizado antes de intentar cualquier técnica mostrada en este libro. Al pasar por este documento, el amante del libro llega a un acuerdo de que bajo ninguna situación el autor es responsable de cualquier pérdida, directa o indirecta, que puedan incurrir debido al uso del material contenido en este documento, incluyendo, pero no limitado a, - errores, omisiones o inexactitudes.

www.ingramcontent.com/pod-product-compliance
Lightning Source LLC
LaVergne TN
LVHW060212080526
838202LV00052B/4256